Greatest American MUSCLE CARS
COLORING BOOK

_____

_____

_____

TEST YOUR COLORS HERE

1966 SHELBY MUSTANG GT350H 2

1961 CHEVROLET IMPALA SS

1966 CHEVROLET CORVETTE 427

1964 PONTIAC GTO

1969 CHEVY CAMARO ZL1

1968 PLYMOUTH ROAD RUNNER HEMI

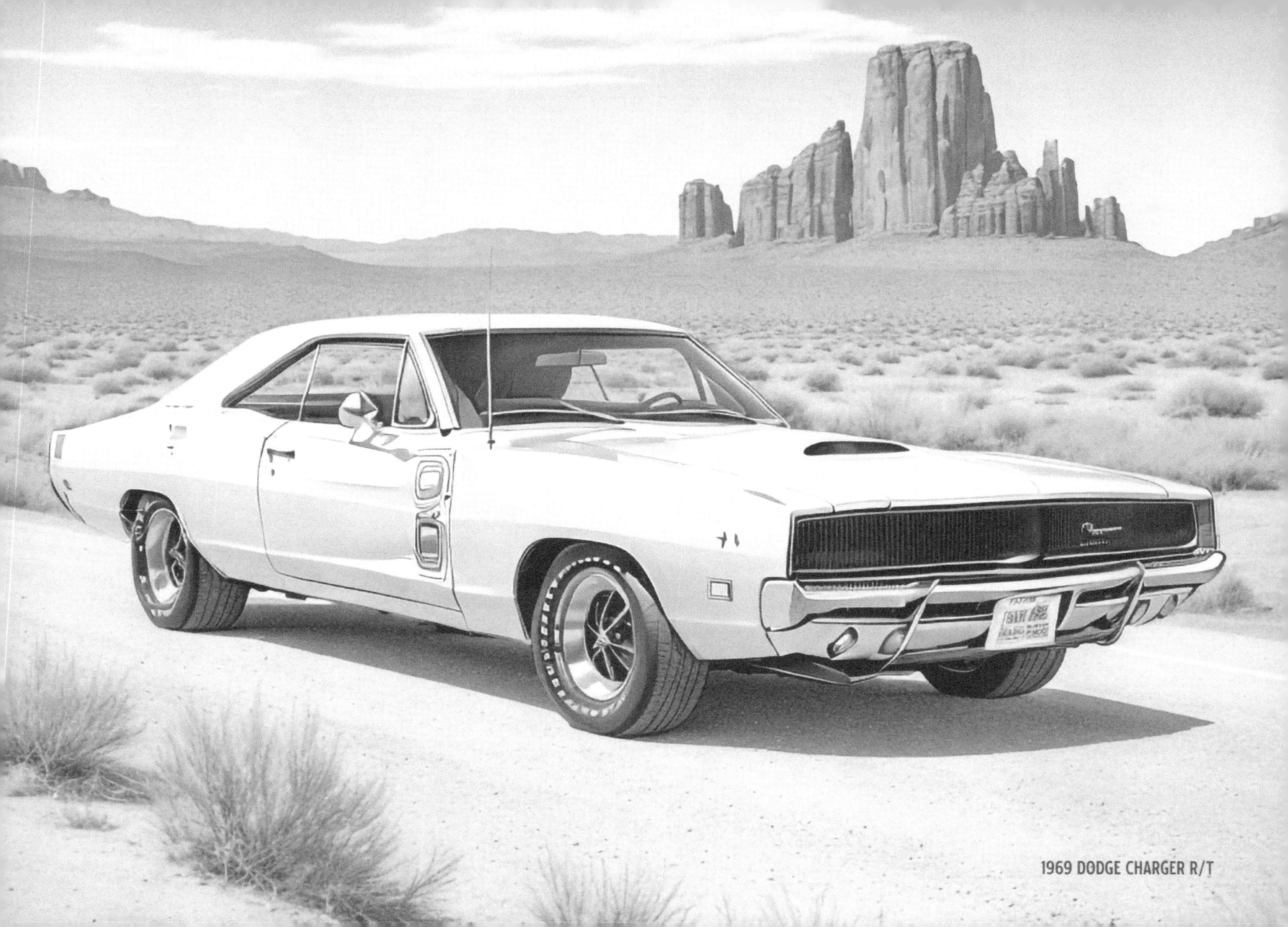

1969 DODGE CHARGER R/T

1965 BUICK WILDCAT

1969 MERCURY COUGAR ELIMINATOR

1972 DODGE DART DEMON SPORT 340

1968 MERCURY CYCLONE GT

1973 PONTIAC TRANS AM

1965 PONTIAC CATALINA

1970 PLYMOUTH ROAD RUNNER SUPERBIRD

1969 CHEVROLET NOVA SS396

1970 CHEVROLET CHEVELLE SS

1965 MERCURY MARAUDER

1968 DODGE CORONET R/T

1969 FORD TORINO 429 COBRA JET

1967 PONTIAC GTO

1966 PLYMOUTH SATELLITE

1971 AMC JAVELIN AMX

1969 MUSTANG BOSS 429

1967 CHEVROLET CAMARO Z/28

1964 CHEVROLET MALIBU SS

1966 SHELBY COBRA 427

Lorem ipsum

1969 DODGE CHARGER 500

1971 PLYMOUTH BARRACUDA HEMI

1968 DODGE SUPER BEE

1971 BALDWIN-MOTION PHASE III GT CORVETTE

1968 YENKO CAMARO

1972 AMC MATADOR MACHINE

1964 FORD FALCON SPRINT

1970 BUICK GSX

1970 PLYMOUTH ROADRUNNER SUPERBIRD

Thank You

Made in the USA
Las Vegas, NV
09 December 2023

82404910R00046